EL PROBLEMA DE RELACIONES PÚBLICAS DEL CRISTIANISMO

…y qué hacer al respecto

MARK C. MATTES

Un profesor universitario acepta el desafío

1517.

El problema de relaciones públicas del cristianismo y qué hacer al respecto: Un profesor universitario acepta el desafío

Mark C. Mattes

© 2025 New Reformation Publications

Publicado por

1517 Publicaciones

PO Box 54032

Irvine, CA 92619-4032

ISBN (Paperback) 978-1-964419-82-4

ISBN (Ebook) 978-1-964419-83-1

Traducido del libro *Christianity's PR Problem and What to Do About It: A College Professor Accepts the Challenge*

© 2023 New Reformation Publications

Publicado por 1517 Publishing

Traducción por Jeffrey Stevenson

A menos que se indique algo distinto, las citas bíblicas están tomadas de la Santa Biblia, Nueva Versión Internacional (NVI), © 1999, 2015, 2022 por Biblica, Inc.

Las citas bíblicas marcadas con DHH están tomadas de la Santa Biblia, Dios habla hoy*, © Sociedades Bíblicas Unidas, 1966, 1970, 1979, 1983, 1996.

Contenido

Dedicatoria:

Este libro está dedicado a
Carol Marie Mattes, amorosa esposa,
madre y abuela,
una fiel discípula de Jesucristo.

Defender la fe:

Un argumento
a favor de la apologética

¡Saludos! Mi nombre es Mark Mattes y soy profesor en Grand View University. A continuación, leerás una charla que di en un evento luterano, pero no es necesario ser luterano para encontrarle valor. Con este material, busco ayudar a todos los que confiesan la fe cristiana frente a los desafíos del secularismo. Oro para que esta publicación sea de bendición para ti, así como lo fue para la audiencia original que escuchó aquella charla.

———

Cada vez más, estamos viendo un resurgimiento de la evangelización. Sin embargo, esta pasión no es exclusiva de nuestro tiempo. Olvidamos que, a lo largo de la mayor parte de nuestra historia en los Estados Unidos, los luteranos han crecido en número. Hasta hace muy poco, los luteranos aumentaban su membresía década tras década. A veces, esto se debía al hecho de que, en tiempos pasados, tenían familias numerosas, pero el crecimiento en el pasado no se reducía solo a eso. Los luteranos se distinguían por una pasión por compartir el evangelio. El modelo predominante para iniciar congregaciones no era jerárquico, de arriba hacia abajo, ni burocrático. En cambio, estaba centrado en la congregación. Las congregaciones concedían libremente tiempo a sus pastores, quienes ayudaban a fundar iglesias en comunidades vecinas donde hubiera un llamado de auxilio. La «lista de tareas» de una congregación incluía la plantación de nuevas congregaciones hijas. Ayudar a dar vida a otras congregaciones estaba profundamente arraigado en el ADN de la iglesia. No podemos subestimar el poder que tienen las congregaciones para establecer mucho bien en el mundo: proclamando la palabra de salvación y administrando los medios de gracia, pero también guiando a niños y jóvenes al proveer una comunidad saludable y un refugio seguro para quienes enfrentan dificultades, así como ministrando a los más necesitados.

La instrucción de Pedro
y los nuevos contextos

Una diferencia clave entre el contexto misionero actual y el de antaño es el hecho de que nuestro país ya no es una «nación cristiana», como muchos solían llamar a Estados Unidos. Eso no significa que los estadounidenses no sean religiosos o espirituales. La mayoría de los estadounidenses afirman creer en Dios. Sin embargo, hoy en día, los evangelistas se encuentran con más críticas a la fe que en el pasado. Es muy probable que estés bastante familiarizado con estas críticas. Aquí hay una lista que apuesto a que has escuchado antes: 1. «Los cristianos son hipócritas»; 2. «El cristianismo es una muleta»; 3. «La Biblia y la ciencia son incompatibles»; 4. «Un Dios amoroso nunca enviaría a nadie al infierno»; 5. «El mal es incompatible con un Dios todopoderoso y amoroso»; 6. «No soy tan malo, así que ¿cómo puedes decir que soy un pecador?»; 7. «Hay muchos caminos hacia Dios, y cada uno debe elegir el que le parezca correcto».

Los discípulos de Jesús no pueden hacer la vista gorda ante estas objeciones. Incluso si nunca te has planteado estas dudas, es posible que tus propios hijos o nietos te desafíen con ellas. Nos pillan desprevenidos cuando no conocemos bien nuestra fe. Ser verdaderamente converso en la fe no significa solo conocer la Escritura y los catecismos de memoria, sino también estar al tanto de las críticas a la fe y tener respuestas reflexivas para ellas. Algunas personas que plantean estas críticas no son sinceras; las usan como un mecanismo de defensa para minimizar el impacto del llamado de Dios en sus vidas. Pero otras sí son sinceras. Dios les parece oculto, no solo porque no lo pueden ver, sino porque sus caminos les resultan ajenos. Al igual que los temerosos de Dios que se encontraban en los márgenes de las sinagogas y a quienes Pablo predicó, estas personas son candidatos ideales para recibir el evangelio. Ya tienen un sentido de su necesidad, pero en la medida en que no puedas responder a sus objeciones sinceras, en esa misma medida nunca escucharán el evangelio de tu parte. Por eso, Pablo nos exhorta: «Haz todo lo posible por presentarte delante de Dios como un hombre de valor comprobado, como un trabajador que no tiene de qué avergonzarse, que enseña debidamente el mensaje de la verdad» (2 Ti 2:15 DHH). Aún más contundente es la instrucción de Pedro: «Más bien, honren en su corazón a Cristo como Señor. Estén siempre preparados para responder a todo el que pida razón de la esperanza que hay en ustedes. Pero háganlo con gentileza y respeto, manteniendo la conciencia limpia» (1 P 3:15-16a).

La fe de antaño podía darse por sentada en un mundo donde la mayoría de las personas eran, al menos, cristianas de nombre. Pero en el mundo actual, los cristianos trabajan junto a hindúes, musulmanes y personas secularizadas sin afiliación religiosa. Los cristianos necesitan herramientas para poder defender su fe. Ahí es donde entra la apologética. La apologética significa defender la fe. No significa defender a Dios. Él no necesita que lo defiendas; puede cuidarse solo, ¡gracias por preocuparte! En cambio, la apologética nos llama a reflexionar sobre la fe a la luz de sus críticos. La fe cristiana recibe ataques injustos, calumnias y una mala representación en la opinión pública. ¿Debería eso sorprendernos? El viejo Adán y Eva siempre quieren seguir teniendo el control de sus vidas, ser los capitanes de su propio destino. No creen que necesiten a Dios. O, en el mejor de los casos, conciben alguna clase de «poder superior» que se ajuste a sus propias necesidades. Un Dios que reclama totalmente a los pecadores como suyos es una amenaza para la autonomía de esos pecadores. No es de extrañar que Pablo dijera: «El mensaje de la cruz es una locura para los que se pierden; en cambio, para los que se salvan, es decir, para nosotros, este mensaje es el poder de Dios» (1 Co 1:18).

Aún más contundente, Pablo amplía su argumento:

«¿No ha convertido Dios en locura la sabiduría de este mundo? Ya que Dios, en su sabio designio, dispuso que el mundo no lo conociera mediante la sabiduría humana, tuvo a bien salvar, mediante la locura de la predicación, a los que creen. Los judíos piden señales y los que no son judíos buscan sabiduría, mientras que nosotros predicamos a Cristo crucificado. Este mensaje es motivo de tropiezo para los judíos y es locura para los no judíos, pero para los que Dios ha llamado, sean judíos o no sean, Cristo es el poder de Dios y la sabiduría de Dios. Pues la locura de Dios es más sabia que la sabiduría humana y la debilidad de Dios es más fuerte que la fuerza humana» (1 Co 1:20b-25).

La argumentación por sí sola nunca ganará a alguien para Cristo. En cambio, para que alguien sea llevado a Cristo, debe encontrarse con el Espíritu Santo, quien nos llama a través del evangelio, nos ilumina con sus dones, nos santifica y nos mantiene en la verdadera fe. Sin embargo, la argumentación puede ayudar a derribar las barreras que el viejo Adán y Eva levantan para protegerse. Puede corregir las calumnias, los ataques injustos y la mala reputación que el secularismo ha generado sobre la fe cristiana. Si bien la apologética no puede confirmar la verdad de la fe cristiana más allá de toda duda —pues en esta vida caminamos por fe y no por vista (2 Co 5:7)—, sí puede reforzar nuestra convicción de que la fe cristiana ofrece una forma de vida profundamente satisfactoria (Jn 10:10) que ni otras religiones ni el secularismo pueden proporcionar. La Escritura revela el significado de toda la historia del cosmos y de la humanidad como la historia del amor sacrificial y entregado de Dios, manifestado de manera suprema en la muerte y resurrección de Jesús. Nuestra vida cobra sentido cuando nos vemos dentro de esa historia. Fuera de ella, no queda claro qué significado tendría nuestra existencia. Como Lutero expresó, Dios nos creó precisamente para poder redimirnos. Este es el hilo conductor del misterio del mundo. Tenemos una razón para vivir porque, aunque somos pecadores, somos amados por Dios y hemos sido llamados a compartir ese amor con los demás.

Por lo tanto, la fe es algo que podemos recomendar con plena confianza a nuestros hijos y nietos, así como a nuestros vecinos. Pero no podremos hacerlo si no buscamos madurar en la fe nosotros mismos mediante el estudio de la Palabra y su relación con el mundo en que vivimos. La fe integra todos los aspectos de la humanidad: nuestra mente, nuestro corazón y nuestras manos. Nuestros corazones son guiados a confiar solo en Dios, y nuestras manos son impulsadas a extenderse como las de Cristo para servir al prójimo. Pero la obra renovadora de Cristo también incluye nuestra mente, ya que aprendemos a llevar cautivo todo pensamiento a la obediencia de Cristo (2 Co 10:5). Sin la apologética, corremos el riesgo de separar nuestras manos y corazones de nuestra mente. Después de todo, pensar requiere un gran esfuerzo. Pero esta separación no es el camino de Cristo. Él quiere ser Señor de la persona en su totalidad. El hombre o la mujer nueva en Cristo reconoce que la «locura» de Dios es mucho más sabia que cualquier filosofía secular y que la «debilidad» de Dios es infinitamente más fuerte que cualquier sistema económico o poder terrenal.

Un punto más: Sospecho que muchos de ustedes se han sentido traicionados por la teología que se ha exhibido en la Iglesia durante las últimas décadas. Una razón de su sentido de traición es que la Iglesia no tomó la apologética en serio. En lugar de desafiar las agendas seculares tratando de ver el mundo a través del lente de la fe, muchos teólogos se adaptaron o se acomodaron a esta agenda secular y buscaron algún pequeño rincón dentro de ella donde aún pudieran practicar algún tipo de «fe». En lugar de desafiar a los críticos, estas personas internalizaron el secularismo y sus críticas, de modo que su fe fue diluida e incluso despojada de su poder. Pero la buena apologética nos lleva precisamente en la dirección opuesta. Aunque la fe en esta vida nunca puede ser probada más allá de toda duda razonable, puede ser defendida. Si la Iglesia hubiera hecho esto, su postura de fe habría sido más clara, sus enseñanzas habrían sido más sólidas y su pasión por alcanzar a otros habría sido más vibrante.

Mi presentimiento más profundo es que el liderazgo de la Iglesia de una generación anterior creía que la ola del futuro consistía en adaptarse lo más posible a las perspectivas seculares. Así, el cuidado pastoral se convirtió en algo parecido a la terapia, el liderazgo se asemejaba a las estrategias de los directores ejecutivos, la teología se asemejaba a la filosofía secular, y el estudio bíblico se reducía a estudios anticuarios o a la sección de autoayuda de la librería local. Renunciamos al mismo poder de Dios que rehace el mundo, todo para que pudiéramos labrarnos un pequeño nicho en el amplio público secular, un espacio que en sí mismo no tiene respeto por la Iglesia y que cuenta con muchas voces que trabajan en sentido contrario a ella. Al convertirnos en otra agencia más de este mundo, perdemos nuestro sentido de misión y poder. Nos estancamos. Los luteranos confesionales han superado esto. A la luz de la apologética, el cuidado pastoral se restaura al cuidado de las almas, el liderazgo se reubica como alcance evangelístico, la teología se redescubre como la gramática de la fe, y el estudio bíblico se recupera como un encuentro con el Dios vivo. Esto se debe a que nuestra defensa de la fe significa que no buscaremos más encontrar nuestro nicho en un mundo secular. El mundo secular no nos quiere. En su lugar, desafiaremos los supuestos más fundamentales del secularismo y los pondremos a prueba.

La naturaleza del secularismo

¿Qué significa ser secular? Ser secular significa (1) ver la vida desde dentro del mundo físico y temporal inmediato sin referencia a Dios; (2) establecer un sistema de valores propio sin ninguna referencia a Dios, quien es solo una «autoridad externa»; y (3) entender que no existen absolutos en la vida, que toda verdad es situacional. Al ver la vida como un fin en sí mismo, las personas buscan encontrar sentido acumulando experiencias. Ahora bien, los cristianos negamos todo esto. Pero, ¿podemos probar que está equivocado? Podríamos hacerlo si pudiéramos encontrar algún «punto de vista panorámico» o una posición independiente desde la cual argumentar. Eso es lo que los filósofos han intentado hacer durante los últimos siglos. Pero seamos honestos: estos filósofos no han tenido éxito. Sin embargo, ¿tenemos los cristianos un punto de vista independiente? Seamos honestos una vez más: no. No ofrecemos ninguna verdad que alguien fuera de Cristo pueda aceptar.

Recuerden, Pablo escribe: «Porque nadie puede poner un fundamento diferente del que ya está puesto, que es Jesucristo» (1 Co 3:11). Jesucristo es nuestro fundamento. Él es el camino, la verdad y la vida (Jn 14:6). La verdad se expresa a través de doctrinas, pero lo más importante es que la verdad es una persona, Jesús. Él es la medida y el punto de apoyo de la verdad. Sin embargo, nadie puede venir a él o verlo a menos que sea llamado por el Espíritu Santo. Así que debemos aceptar el hecho de que, a pesar de todas las cosas que compartimos en común con los no cristianos, nuestra visión más fundamental sobre la verdad no es compartida. ¿Cómo debería eso moldear nuestra apologética? De manera simple, la apologética no se trata tanto de argumentar para que las personas acepten la fe, sino más bien de argumentar con ellas desde la fe. Al argumentar desde la fe, invitamos a los no creyentes a considerar cómo sería la vida si fueran creyentes. ¿Cómo verías el mundo con Jesús como tu Señor? ¿Qué diferencia haría en tu vida si la Biblia fuera verdadera?

La fe en Jesús no es compartida por todos, pero hay algunas cosas que los creyentes y los incrédulos sí comparten. Todas las personas están en la misma situación cuando luchan con las grandes preguntas de la vida, como: ¿Qué sucede cuando morimos? ¿Tiene la vida un sentido? ¿Existe un Dios? No todos compartimos la fe en Jesús, pero todos vivimos de algún tipo de fe. Nuevamente, esto se debe a que nadie puede probar más allá de toda duda razonable la verdad de lo que piensa y siente respecto a estas preguntas. Así que, en cierto sentido, todos son personas de fe; la pregunta es: ¿En qué depositamos, o deberíamos depositar, nuestra confianza?

La mente secular:
Huir de la misericordia de Dios

Hace casi quinientos años, Martín Lutero hizo un llamado a la reforma de la Iglesia. No fue el único en hacer ese llamado, pero ningún otro reformador fue tan claro como él al señalar que la verdadera reforma debía centrarse en la gracia de Dios ofrecida en Jesucristo. Los hombres y mujeres de finales de la Edad Media conocían a Jesús como un modelo a seguir para vivir y como un juez al final de los tiempos, pero no veían a Jesús como su redentor, o al menos no con la claridad con la que lo revela la Escritura. Lutero desafió todo eso y fue tan lejos como para basar toda verdad salvadora en la autoridad de la Escritura. Esto significa que la Escritura es el prisma a través del cual debemos entender a Dios y al mundo.

Ahora bien, al viejo Adán y Eva no les gusta la gracia porque los obliga a admitir que necesitan a Jesús. Al igual que los primeros pecadores, las personas de la temprana modernidad tendían a pensar que cualquier conversación sobre la gracia socavaba su autonomía y agencia. Así que pensaban que la respuesta era recurrir a la razón y no a la Biblia. Poco después de la reforma de Lutero, las personas buscaron otra base para la verdad distinta a la de la Escritura. La Biblia parecía inadecuada para transmitir la verdad en comparación con algo como la razón. Filósofos como René Descartes apelaron a la razón como la base de la verdad, y otros posteriores como John Locke apelaron a la experiencia. El resultado fue que, en la medida en que se le otorgaba algún respeto, la Biblia era evaluada a la luz de la razón o la experiencia y descartada como el contexto o prisma a través del cual todo lo demás debía entenderse (incluyendo la razón y la experiencia).

Este fue el comienzo de la perspectiva secular. Estos pensadores de la temprana modernidad no intentaron deshacerse de «Dios», pero lo reinterpretaron en términos genéricos como el dios de la naturaleza y conceptos similares. Con el tiempo, los europeos y algunos estadounidenses empezaron a sentir que, si la humanidad realmente debía ser liberada de las antiguas restricciones de la nobleza que dominaba a los campesinos y censuraba el libre pensamiento, entonces ese poder al cual la nobleza apelaba para justificar sus «derechos divinos», es decir, «Dios», tenía que ser desechado. Su lógica era simple: si Dios tiene todo el poder, entonces nosotros no lo tenemos. Así que, para reclamar nuestro propio poder, debemos negar a Dios. Algunos concluyeron que todo lo que «Dios» alguna vez fue es una ilusión inventada por los poderes establecidos para asegurar su derecho a dominar. La idea de «Dios» fue concebida como un ardid o un engaño para mantener a las personas bajo control porque temerían el juicio de Dios. O bien, «Dios» es simplemente algún tipo de muleta que ayuda a las personas a sobrellevar los cambios y vaivenes de la fortuna. La humanidad se vuelve más madura en la medida en que la religión disminuye y es desplazada por el razonamiento científico. Ahora bien, este relato simplifica en exceso la historia del secularismo, pero hay suficiente verdad en él para nuestros propósitos.

De nuevo, la mayoría de los estadounidenses no son ateos, pero sí ven la fe como un asunto privado que no tiene relación con la vida pública. Somos inconsistentes porque apoyamos una «religión civil» con capellanes militares pagados, capellanes para el Congreso, la frase «En Dios confiamos» escrita en nuestro dinero, la Navidad como un día festivo nacional, y así sucesivamente. Aun así, socavamos la idea de que la fe brinda verdad. Tendemos a asociar la verdad con las matemáticas y la ciencia —asuntos «verificables»— y la religión con sentimientos subjetivos. Pero, ¿qué sucede realmente con la verdad si la desvinculamos de Dios? ¿Puede la verdad sobrevivir? En cierto sentido, no. ¿Por qué? Porque desde la perspectiva secular, siempre somos escépticos sobre la realidad. Con tal escepticismo, todo lo que la verdad llega a ser es describir lo que funciona, pero no lo que es real. Así, lo que antes se consideraba verdad se reduce a mera opinión.

Ahora, los cristianos necesitan desafiar esa suposición, aunque sea solo para ser fieles a lo que la ciencia realmente hace. Es falso que la religión y la ciencia sean incompatibles. Piensa: la ciencia describe cómo funciona la gravedad, pero no puede explicar por qué debería funcionar.

Podemos usar las matemáticas para describir cómo funciona la gravedad, pero no tenemos idea de por qué las matemáticas deberían ser exitosas en describir la gravedad. Solo la fe responde a la pregunta del porqué. Es asombroso cómo las matemáticas pueden usarse para medir o mapear el cosmos en todas sus dimensiones. La mente es bastante hábil para hacer esto. Pero nuevamente, ¡es un misterio por qué la mente debería ser tan exitosa en mapear la materia! Ahí es donde la fe es tan verdadera respecto a la realidad y la experiencia. Una perspectiva verdaderamente consciente honra este misterio. Tal misterio no nos atonta, sino que nos permite disfrutar del asombro —incluso la magia— de todo ello.

Además, necesitamos recordarles a nuestros amigos seculares que fueron los cristianos quienes descubrieron que, si quieres entender el mundo, debes usar las matemáticas para hacerlo. El maestro detrás de todo esto fue un monje del siglo XIV y erudito de Oxford, Thomas Bradwardine. Lejos de estar en oposición con la religión, la ciencia tal como la entendemos es uno de los grandes dones del cristianismo para el mundo. Pero la ciencia por sí sola solo puede describir procesos físicos; no tiene la capacidad de ofrecer una explicación para ellos. Debido a que no puede hacerlo, una perspectiva secularista que atribuye la verdad únicamente a la ciencia ofrece, en el mejor de los casos, solo una descripción de cómo funcionan las cosas en el mundo. Elude la pregunta de por qué las cosas deberían funcionar de la manera en que lo hacen. Tal perspectiva secular es inherentemente insatisfactoria, al menos en comparación con la fe cristiana, que reconoce que el misterio detrás de las leyes físicas no es otro que Dios mismo. Dios es el misterio del mundo que se asegura de que podamos confiar en las matemáticas para descifrar las leyes físicas. Al reconocer a Dios, no solo apoyamos un enfoque pragmático del mundo —es decir, no limitamos nuestro pensamiento a «lo que funciona»—, sino que afirmamos conocer algo acerca de la realidad. Esa verdad está resumida por el salmista: «Los cielos cuentan la gloria de Dios; la expansión proclama la obra de sus manos» (Sal 19:1).

Pero el secularismo no solo es insatisfactorio cuando se trata de la verdad; también fracasa en establecer una base para un discurso moral sólido. Como se mencionó, resulta ser exitoso en asuntos de cuantificación. Pero a menos que se introduzcan furtivamente nociones de un mundo lleno de propósito o nociones de un diseño providencial en el discurso público, las personas modernas no tienen ningún recurso mediante el cual afirmar las libertades que tanto aprecian. Las personas modernas atesoran cosas como la libertad, la igualdad, la justicia, la equidad y la imparcialidad. Pero, aparte de alguna visión del bien en sí mismo, esas palabras son solo abstracciones elegantes. El crítico Stanley Fish señala que «nada se desprende de ellas hasta que hayamos respondido preguntas como: "¿equidad en relación con qué estándar?" o "¿igualdad con respecto a qué medidas?" —pues solo entonces tendrán contenido suficiente para guiar la deliberación».[1]

Nosotros, los cristianos, debemos preguntarnos qué es más probable: (1) que la bondad sea un engaño y que todo lo que la ética implique sea simplemente «lo que funciona» o (2) que tales asuntos concuerden con la naturaleza tal como Dios la ha diseñado. Es cierto que no podemos probar la última postura, pero a menos que tengas un prejuicio en contra de Dios, es un enfoque más satisfactorio de la ética que el primero. Al menos, no es inconsistente, a diferencia

---

[1] Stanley Fish, «Are There Secular Reasons?», 22 de febrero de 2010, http://opinionator.blogs.nytimes.com/2010/02/22/are-there-secular-reasons/.

del primero. Cuando mis estudiantes me dicen que la ética no es más que una expresión de normas culturales y que no está sujeta a verdades universales, los tomo por sorpresa. Les pregunto: «Si te bajo la calificación solo porque me caes mal, ¿ha ocurrido algo incorrecto?» Estos estudiantes, que todos eran relativistas, muy pronto se convierten en absolutistas éticos: «Por supuesto que está mal bajar la nota a alguien solo porque te cae mal». Cuando indago más y pregunto: «¿Por qué?», responden: «¡Porque no es justo!» Entonces los llevo aún más lejos: la justicia se basa en una dignidad dada por Dios que pertenece a todos los que comparten la imagen misma de Dios.

Una visión secular es insatisfactoria no solo respecto a la verdad y la bondad, sino también a la belleza. Ya sea que se encuentre en la naturaleza, la música o el arte, la belleza es uno de los mayores regalos que Dios nos ha dado, ofreciendo consuelo, seguridad, entusiasmo y alegría.[2] Es un atisbo de las intenciones de Dios para este mundo. Los ateos quieren hacernos creer que ser humano es simplemente ser una combinación de sistema digestivo y aparato reproductor que

---

[2] Véase Mark Mattes, *Martin Luther's Theology of Beauty: A Reappraisal* (Grand Rapids, MI: Baker Academic, 2017).

camina. Pero qué idea tan completamente ajena para criaturas que no solo pueden disfrutar de la belleza, sino también crear música hermosa, arte, danza, deporte y teatro. Si crees que la belleza ofrece un atisbo de la realidad, entonces es difícil creer que simplemente sea un accidente de una evolución sin propósito. No, más bien, es una huella de Dios en la naturaleza y se expresa también en lo que los seres humanos crean y hacen. Se necesita mucha fe para creer que la vida es tan vacía de significado como la presenta el ateísmo.

Verdad, bondad y belleza: el secularismo tiene dificultades para explicar estos asuntos tan importantes. Pero los cristianos consideran la verdad, la bondad y la belleza como nombres de Dios, que identifican quién es él. Por esa razón, los cristianos también somos escépticos. Somos escépticos del escepticismo secularista. Creer en Dios como el Alfa y la Omega es una visión de la vida más creíble (aunque no demostrable) que pensar que todo se debe al azar. Después de todo, ¿de dónde proviene el azar? Para los cristianos, la razón y la experiencia no flotan sin ancla. Necesitan un contexto. Ahí es donde entra la Escritura. La Escritura ofrece una visión de cómo Dios obra con la humanidad y de lo que esta le debe a Dios y a los demás. Lejos de restringir la libertad humana, el evangelio libera a las personas al reconocer que en Cristo somos a la vez señores y siervos, y que está mal jugar a uno en contra del otro. La Escritura es profundamente satisfactoria, o como lo expresó el salmista: «Prueben y vean que el Señor es bueno» (Sal 34:8a).

Pablo: Maestro apologista

Ahora bien, aquí es donde la apologética puede ser útil. A veces no puedes probar algo más allá de toda duda razonable, pero puedes demostrar que la posición opuesta está vacía. Ese podría ser el único tipo de «prueba» que se puede ofrecer en tales asuntos. Si se demuestra que los puntos de vista de tu oponente son inconsistentes o insatisfactorios, aunque no hayas probado tu postura, sigue siendo la única que queda en pie. Así que, si la fe cristiana concuerda con la realidad en la mejor medida en que podemos comprenderla, entonces algo como el ateísmo queda descartado. De hecho, como espero mostrar en lo que sigue, ser ateo requiere más fe que ser creyente porque debes descartar tantas cosas que parecen ser obviamente verdaderas.

Pero necesito hacer una advertencia: como defensores de la fe, necesitamos humildad. Así como en nuestro programa evangelístico general, simplemente somos mendigos mostrando a otros mendigos dónde encontrar pan; de la misma manera, en la apologética no debemos golpear a las personas con evidencia de la fe. En su lugar, debemos plantear preguntas difíciles: ¿Es tu secularismo realmente coherente con la realidad tal como crees que es? Asimismo, debemos desafiar los estereotipos injustos sobre el cristianismo que afirman que somos intolerantes, de mente cerrada y anticientíficos.

El hecho de que no haya otro fundamento que el de Jesucristo no significa que estemos condenados a adoptar una postura radicalmente relativista, en la que la gente piensa: «Tú tienes tu verdad y yo tengo la mía». Tal intento de descartar la verdad está destinado al fracaso. ¿Por qué? Porque te contradices cuando sugieres que la verdad sobre la única verdad es que no hay verdad. Así que seamos honestos. El conocimiento, la información precisa, la razón y la lógica siguen siendo lo que nuestros cerebros utilizan para funcionar, pero deben hacerlo en conjunto con la experiencia, la sabiduría, la intuición, los valores y la fe. Incluso el método científico debe asumir un contexto mucho más amplio que el de la ciencia misma. Una vez más, la apologética nos llama a reflexionar sobre la fe. Cuanto más ejercitamos nuestra fe —cuanto más leemos el mundo a la luz de la Escritura—, más enfrentamos preguntas inevitables sobre lo que en verdad es la realidad. Los cristianos ofrecemos un verdadero servicio al mundo al mantener vivas esas preguntas. Así que los mejores apologistas son aquellos que realmente conocen al Señor y luego piensan sobre la vida a la luz de ese conocimiento.

Tenemos un modelo para hacer apologética: Pablo. En Hechos 17:16-34, presenta ese modelo. Veamos este pasaje detenidamente. Observa que Pablo estaba evangelizando en Atenas, una ciudad conocida como el centro de la filosofía. Más de cuatrocientos años antes de Pablo, había sido el hogar de Sócrates, Platón y Aristóteles:

> «Mientras Pablo los esperaba en Atenas, le dolió en el alma ver que la ciudad estaba llena de ídolos. Así que discutía en la sinagoga con los judíos y con los no judíos que adoraban a Dios, y a diario hablaba en la plaza con los que se encontraban por allí» (Hch 17:16-17).

Observa el verbo «discutía». Pablo no se limitó a dar su testimonio. Involucró la mente de esas personas. Necesitamos preguntarnos: ¿Qué se requeriría para que yo hiciera lo mismo? Cuando la fe es desafiada, nunca deberíamos actuar como avestruces y esconder la cabeza en un hoyo para evadir el mundo. Muchos de nosotros dependemos únicamente de nuestras emociones. Lo que necesitamos hacer es involucrar al mundo con la Escritura. Es ella la que une el corazón, las manos y la mente. Dios nos ha llamado a amarlo con todo nuestro corazón, alma, razón y fuerzas. Nuestro pecado es que desestimamos ese tercer aspecto, la razón, y no usamos la cabeza. Amemos a Dios como él nos lo pide y comencemos a usar el cerebro en nuestro caminar de fe.

«Algunos filósofos epicúreos y estoicos entablaron conversación con él. Unos decían: «¿Qué querrá decir este charlatán?». Otros comentaban: «Parece que es predicador de dioses extranjeros». Decían esto porque Pablo anunciaba las buenas noticias de Jesús y de la resurrección. Entonces lo sujetaron y llevaron a una reunión del Areópago. —¿Se puede saber qué nueva enseñanza es esta que usted presenta? —preguntaron—. Porque nos presenta usted ideas que nos suenan extrañas, y queremos saber qué significan.

Es que todos los atenienses y los extranjeros que vivían allí se pasaban el tiempo sin hacer otra cosa más que escuchar y comentar las últimas novedades» (Hch 17:18-21).

¿Quiénes eran los epicúreos y los estoicos? Los epicúreos enseñaban que el propósito de la vida es buscar el placer con moderación. Haz lo que quieras, pero sin excesos. También enseñaban que no existen dioses ni una vida después de la muerte. Dado que no hay dioses ni una vida después de la muerte, no hay razón para temer a la muerte. No habrá juicio. Aunque Pablo se encontró con este grupo hace dos mil años, no suena muy diferente del secularismo del que hablé antes. «Nada hay nuevo bajo el sol», como dijo el autor de Eclesiastés (1:9). Hoy lidiamos exactamente con la misma mentalidad con la que Pablo se enfrentó. Como decían algunos cristianos en la década de 1970, la «nueva moralidad» no es más que la vieja inmoralidad con un nuevo disfraz.

Los estoicos enseñaban que el alma es una chispa divina y que está en un continuo con «dios». El propósito de la filosofía es ofrecer autoayuda. Su actitud era: dado que no puedes cambiar el mundo —es demasiado burocrático— puedes cambiarte a ti mismo al cambiar tus actitudes sobre la vida. Nuevamente, no hay nada nuevo bajo el sol.[3] Esto suena muy parecido a la sección de autoayuda en Barnes & Noble. De hecho, es exactamente lo que hace veinte años se habría llamado «nueva era» e incluso hoy en día. Lo que tiene en común con el epicureísmo es que ambas escuelas enseñan que al menos eres responsable de ti mismo, aunque los epicúreos ven el «yo» con minúscula porque no somos diferentes de otros animales, mientras que los estoicos lo ven con mayúscula porque en lo más profundo de nuestro ser, por naturaleza, somos uno con «dios». En la medida en que el secularismo contemporáneo empuja a afirmar que eres el autor de tu propia vida —una especie de «dios» para ti mismo—, se parece mucho a la forma en que muchas personas piensan hoy en día.

¡Observa cómo Pablo captó su atención! Se ganó su menosprecio cuando lo llamaron charlatán. ¡Aun así, querían escuchar más! Pablo no huye del nombre de Jesús, sino que lo pone directamente frente a ellos. Con la resurrección, Pablo indica que, en efecto, tenemos que

---

[3] La personalidad mediática Tim Ferris incluso promueve directamente el estoicismo, ofreciendo a Marco Aurelio y a Epicteto como guías confiables para la vida moderna.

rendir cuentas. Los epicúreos y los estoicos tienen razón al afirmar la responsabilidad humana. Pero ellos socavan la seriedad de este asunto porque, como señala Pablo, tenemos que rendir cuentas ante Dios. La resurrección comenzará con la venida de Cristo para juzgar a «los vivos y a los muertos». Entonces comenzará la vida eterna. Más específicamente, estos filósofos no son totalmente insinceros. Necesitamos aprender de eso. Sí, el cristianismo recibe algunas críticas injustas. Pero no todos los no creyentes son insinceros. Algunos están genuinamente abiertos a la fe cristiana. ¿Cómo es nuestro testimonio? ¿Reforzamos los estereotipos no cristianos o, de hecho, ofrecemos un testimonio saludable y profundo, como el de Pablo? ¿Los epicúreos y estoicos de hoy querrían acercarse a ti para aprender más sobre la fe?

«Pablo se puso en medio del Areópago y tomó la palabra: —¡Ciudadanos atenienses! Observo que ustedes son sumamente religiosos en todo lo que hacen. Al pasar y fijarme en sus lugares sagrados, encontré incluso un altar con esta inscripción: a un dios desconocido. Pues bien, eso que ustedes adoran como algo desconocido es lo que yo les anuncio. El Dios que hizo el mundo y todo lo que hay en él es Señor del cielo y de la tierra. No vive en templos construidos por hombres, ni se deja servir por manos humanas, como si necesitara de algo. Por el contrario, él es quien da a todos la vida, el aliento y todas las cosas. De un solo hombre hizo todas las naciones[a] para que habitaran toda la tierra; y determinó los períodos de su historia y las fronteras de sus territorios. Esto lo hizo Dios para que todos lo busquen y, aunque sea a tientas, lo encuentren. En verdad, él no está lejos de ninguno de nosotros, "puesto que en él vivimos, nos movemos y existimos". Como algunos de sus propios poetas han dicho: "De él somos descendientes"» (Hch 17:22-28).

El Areópago era el consejo legislativo y judicial más alto de Atenas. En cierto sentido, era como una combinación de la Universidad de Harvard y Washington, D. C. Aquí tenemos a Pablo lanzándose de lleno. Tú y yo al menos habríamos tragado saliva... o incluso habríamos querido salir corriendo. Pero Pablo no. ¿Qué le dio valor? Por supuesto, Cristo mismo. Pero seamos honestos: Pablo también había hecho su tarea. No se apoyaba simplemente en haber sido criado en un hogar piadoso. Más bien, se apropió de esa fe. La hizo suya. Conocía la Escritura. Pero mira las notas de la Biblia ESV (*English Standard Version*) al pie de página: Pablo cita a poetas y filósofos griegos: Epiménides de Creta y Arato. De hecho, su argumento general no es tan diferente de cómo los primeros filósofos griegos desafiaban a los dioses tradicionales de Grecia. Para esos filósofos, Dios no podía ser identificado con Zeus, Hera, Poseidón o Hermes porque esos dioses eran inmorales —engañándose unos a otros y mintiendo— y, además, demasiado humanos. Pablo proclama que el verdadero Dios no puede ser encerrado en una caja —como «templos construidos por hombres»— y mucho menos ser servido por «manos humanas». El verdadero Dios no puede ser manipulado por nosotros, ¡un pensamiento aterrador! Y, sin embargo, este Dios es ineludible: en él vivimos, nos movemos y existimos. Una vez más, es un pensamiento aterrador porque, a la luz del juicio de Dios, tenemos que rendirle cuentas. Pablo no nos deja escapatoria. Pero observa cuán diferente es de un predicador callejero. Simplemente expone la verdad sobre nuestra responsabilidad; no grita: «Arrepiéntete o arde en el infierno». Lo que también podemos ver aquí es que Pablo apela a la idea de que todas las personas tienen algún indicio de Dios, sea grande o pequeño. En nuestra cultura, lo llamaríamos un «poder superior». De nuevo, el punto de Pablo es que cualquier cosa que consideremos «superior» se queda corta frente a Dios. Como Creador de las galaxias, Dios siempre es mayor. Pero Dios también es más pequeño: Dios sostiene la energía que mantiene toda la gravedad en el núcleo de cada átomo en su lugar (compárese con Col 1:17).

En cualquier caso, fuera de Jesucristo, Dios representa una amenaza para los pecadores.

> «Por tanto, siendo descendientes de Dios, no debemos pensar que la divinidad sea como el oro, la plata o la piedra: escultura hecha como resultado del ingenio y de la destreza del ser humano. Pues bien, Dios pasó por alto aquellos tiempos de tal ignorancia, pero ahora manda a todos, en todas partes, que se arrepientan. Él ha fijado un día en que juzgará al mundo con justicia, por medio del hombre que ha designado. De ello ha dado pruebas a todos al levantarlo de entre los muertos» (Hch 17:29-31).

A la luz de la distinción adecuada entre la ley y el evangelio —una de las preocupaciones más importantes de los luteranos—, Pablo está predicando la ley: está llamando a las personas a rendir cuentas ante Dios. Pero el evangelio está implícito: quienes se arrepientan y crean en ese «hombre» designado como juez hallarán misericordia. La palabra de Pablo a los epicúreos y a los estoicos es igual de relevante para los secularistas de hoy. Nuestros secularistas actuales quieren borrar a Dios del discurso público. Pero no pueden eliminar por completo un cierto sentido de responsabilidad: si no es ante Dios, al menos ante sus propios criterios de integridad. Pero en realidad, ahí está el meollo del asunto: «No soy pecador porque no hay Dios cuya bondad sea el parámetro que me condene como tal». El secularista está tratando de justificarse, no por la fe, sino (irónicamente) por medio de la incredulidad. Si se borra a Dios, no hay juicio. Y si no hay juicio, no hay manera de que pueda ser considerado un pecador.

Pero a los secularistas no se les puede dejar escapar tan fácilmente. Permíteme explicarlo. El gran beneficio de no creer en Dios sería la «libertad». Libertad aquí significa que puedes inventarte a ti mismo. La vida es como una gran barra libre de opciones, y puedes tomar un montón de esto o una cucharadita de aquello para hacerte como tú quieras ser. Pero si somos honestos, tenemos que admitir que no nos inventamos solo para nosotros mismos. Cuando tomas las decisiones con las que te inventas a ti mismo, estás diciendo que cualquiera podría (o incluso debería) vivir tal como tú. Así que no solo te inventas a ti mismo, sino que, en cierto sentido, inventas el mundo. Las personas que no quieren ser ateas, pero que operan con esta perspectiva, terminan diciendo sobre Dios: «Yo determino quién es Dios». Si mi culpa delante de Dios es demasiado grande para soportarla, no la confieso ni me la saco del pecho a través de las palabras de absolución. En cambio, intento recrear una imagen de un dios a mi «propio entender». Y probablemente ese es un dios que dice cosas como «los chicos son chicos» o algo por el estilo. Simplemente no podemos soportar a un Dios que entra directamente en nuestra culpa y la lleva en su cuerpo por nosotros, como lo hizo Jesús. Si aceptáramos eso, tendríamos que admitir que necesitamos a Jesús. Pero para hacer eso, tendríamos que renunciar a ser los capitanes de nuestro propio destino. Lamentablemente, nunca llegamos a saber lo que realmente es ser libres, libres de tener que inventarnos y de ser responsables únicamente de nosotros mismos. En lugar de eso, solo tenemos una libertad falsa: la de la auto-invención.

Pero volvamos a nuestro ateo. Si los ateos son realmente honestos al respecto, tienen que admitir que llevan el peso del mundo sobre sus hombros. Como están inventando lo que está bien y lo que está mal, se parecen mucho a Atlas —cargando el mundo entero— al menos en la medida en que lo inventan. Por eso el ateo francés Jean-Paul Sartre llamó a esta responsabilidad «condenados a ser libres». Para él, la libertad significa que tú inventas lo que es correcto e incorrecto. «Condenados» aquí significa que tú y todo lo que manejas están sujetos al estándar que inventas. Es un estándar implacable. No hay absolución para él. Solo existe la opresiva palabra de la autoevaluación —y la evaluación de cualquier otra cosa que no logre estar a la altura de ese estándar. Así que la libertad secularista, una «libertad sin Dios», simplemente no resulta ser tan positiva, buena o siquiera verdaderamente libre. Para los ateos, eso podría ser todo lo que tienen, pero un mundo independiente del juicio y la gracia de Dios parece quedarse terriblemente empobrecido. Volviendo a Pablo:

«Cuando oyeron de la resurrección, unos se burlaron, pero otros dijeron: —Queremos que usted nos hable en otra ocasión sobre este tema. En ese momento Pablo salió de la reunión. Algunas personas se unieron a Pablo y creyeron. Entre ellos estaba Dionisio, miembro del Areópago, una mujer llamada Dámaris y otros más» (Hch 17:32-34).

Lo que queda claro aquí es que, si vas a ser un apologista, tendrás que desarrollar una piel gruesa. El trabajo evangelístico no es para los débiles. Está garantizado que, si das testimonio, serás rechazado. Ahora bien, a muchos no les gusta ser rechazados. A todos nos gusta ser aceptados. Pero si tienes la intención de testificar acerca de Jesús, puedes esperar que algunos rechacen el mensaje. El rechazo es una reacción normal ante Jesús. De hecho, es el modus operandi del viejo Adán y Eva. Es lo que llevó a Jesús a la cruz. Así que ya sabes algo sobre eso. Pero lo más importante es el hecho de que la palabra de Dios dio fruto. Dionisio y Dámaris respondieron a ella. Una vez más, el punto es: (1) Dios te llama a ser testigo, (2) Dios provee un modelo en Pablo y (3) ese modelo incluye un ejemplo de defensa de la fe. La conclusión es: adquiere esas habilidades que Pablo tenía para ayudarte a defender la fe.

¿Una diferencia luterana?

¿Puede el luteranismo aportar algo a la apologética? Creo que sí. Muchos evangélicos tienden a reunir toda la evidencia posible para respaldar la fe. No creo que esa táctica deba evitarse. Pero la postura luterana tiende más bien a desenmascarar las perspectivas seculares como inconsistentes o engañosas. Lutero insistía en que toda persona tiene un «dios». Esto se debe a que el centro del ser humano es su «corazón», y la naturaleza del corazón es confiar en algo. La fe genuina confía solo en Dios y espera de él únicamente el bien. Pero la idolatría ocurre cuando el corazón no mira a Dios, sino a alguna cosa creada como fuente de seguridad y bienestar. En cambio, uno debería mirar solo a Dios. Lutero veía la idolatría expresada en el culto a los santos, cuando las personas oraban a los santos en vez de a Dios en busca de ayuda. Sin embargo, incluso cuando se prescinde de Dios, el secularismo es una especie de fe: tiene fe en el progreso humano como su alternativa a la fe en Jesús. Necesitamos aplicarles una especie de «Dr. Phil»:

tienes un «dios», ¿cómo te está funcionando? Naturalmente, algunos tienen el corazón endurecido y no quieren saber nada del evangelio. Pero como leíste anteriormente en Hechos 17, algunos sí responderán. Nosotros somos demasiado tímidos para preguntar.

Otra manera en que los luteranos pueden contribuir a la apologética es a través de la teología de la cruz. La teología de la cruz sospecha que las personas quieren poder presentar alguna cualidad propia ante Dios para así ganarse su favor. Esa, por supuesto, es la teología de la gloria. En cambio, la teología de la cruz reconoce que Dios está obrando especialmente cuando los pecadores «desesperan por completo» de sí mismos. Al dejar de confiar en sus propios recursos para asegurar su estatus ante Dios (o ante cualquier «poder superior» que logren invocar), entonces pueden comenzar a confiar en el amor de Dios dado en Jesús. Los luteranos creen que Dios está realizando esta obra de dar muerte a hombres y mujeres rebeldes precisamente para poner fin a la rebelión y así abrir el corazón de esos rebeldes para recibir su misericordia y gracia. La teología de la cruz reconoce que, cuando las personas están atrapadas en un callejón sin salida construido por ellas mismas, cuando sus propios recursos les fallan y no encuentran «salida», y por lo tanto bajan sus defensas, entonces están receptivas a la misericordia de Dios. La gente no entra al reino por medio de argumentos. Se abre a la gracia de Dios cuando la vida hecha a su manera y en sus propios términos deja de funcionar.

Finalmente, los luteranos reconocen que Dios muchas veces está oculto, no se ve y no es evidente, y que su misericordia no siempre es clara. Por eso necesitamos regularmente que los predicadores nos traigan a Jesús y sus dones de perdón, vida y salvación. Jacob luchó con el Dios oculto cuando peleó con un oponente desconocido en la noche. Sus descendientes lucharon con el Dios oculto cuando estaban en esclavitud en Egipto y en el exilio en Babilonia. Jesús luchó con el Dios oculto cuando preguntó por qué había sido abandonado. Aquellos que luchan con el dolor y el mal en sus vidas a menudo se enfrentan con la ocultación de Dios y se preguntan cuándo aparecerán su misericordia y sanidad. Ese dolor requiere lamentación e incluso queja, como vemos en el Salterio. Nuevamente, no podemos entender por qué el sufrimiento les ocurre a personas que, ciertamente, no parecen merecerlo. Lo único que podemos hacer es sostenerlas con la promesa de Dios de que él ciertamente librará a su pueblo que sufre. Muchas personas que critican la fe, de hecho, están luchando con un Dios que se oculta, y debemos ser pastoralmente sensibles con ellas.

Conclusión

Para concluir, ¿cómo podríamos responder brevemente a esas siete objeciones a la fe mencionadas al inicio de este discurso? Tomémonos un momento para examinar cada una. Primero: *los cristianos son hipócritas.* Es cierto. Lo son; de hecho, todos son hipócritas en un grado u otro. Afortunadamente, tienes un Salvador que reúne a hipócritas honestos como tú. Segundo: *el cristianismo es una muleta.* Pero seamos honestos: todas las personas necesitan ayuda. A veces, la vida puede volverse insoportable debido al miedo, la culpa y la desgracia. Puedes agradecer que tienes a un Dios que cumple su palabra para sostenerte. Tercero: *la Biblia y la ciencia son incompatibles.* No. Todo lo contrario: la ciencia nació en la cultura cristiana y la Biblia puede proporcionar un contexto en el cual el método científico tiene sentido. Cuarto: *un Dios amoroso nunca enviaría a nadie al infierno.* En esta vida, el amor de Dios se extiende para liberar a todo pecador que confía en Cristo. Aquellos que lo rechazan deben enfrentar las consecuencias. Así que aquí está la palabra para ti: en tu bautismo, Dios te ha reclamado y te ha prometido un lugar en sus muchas moradas. Quinto: *el mal es incompatible con un Dios todopoderoso y amoroso.* Los cristianos reconocen que el motivo por el que sufren los inocentes y por el que prosperan los malvados en esta vida está más allá de nuestra comprensión. Este es un asunto que debemos entregar al cuidado de Dios con la convicción de que él manifestará su justicia y sanidad en la eternidad. No estás abandonado a tus propios recursos para enfrentar la fragilidad y el mal; Dios tiene todo esto bien controlado. Sexto: *no soy un pecador; no soy tan malo.* Si crees que necesitas ganarte la aprobación de Dios, será mejor que empieces ya. Veamos cuánto tiempo pasa antes de que anheles la misericordia de Dios. Si sabes que eres un pecador, estás exactamente en el lugar donde Dios te ofrece su misericordia. Finalmente: *hay muchos caminos hacia Dios, y necesitas elegir aquel que sea correcto para ti.* Tarde o temprano, te darás cuenta de que no eres el capitán de tu destino y que tus decisiones en asuntos últimos significan muy poco. Peor aún, fue tu rechazo de Jesús lo que lo llevó a la cruz. Lo que importa es que Dios te ha elegido en Jesucristo para que puedas disfrutar del privilegio de vivir como su hijo; así que arrepiéntete de tu pecado, vuelve a Dios y confía en Cristo. Dios inspira a pastores y a otros a alcanzar y plantar nuevas misiones. Dios, quien ha impartido este deseo, nos sostendrá y hará que esta misión llegue a buen término. Mientras alcanzamos a otros, la apologética puede ser nuestra amiga. Puede ayudarnos a madurar en nuestro caminar de fe y a hacer que el evangelio sea más claro para las personas. Puede ayudarte a desafiar los malentendidos sobre la fe y, al hacerlo, permitir que la fe germine en vidas mucho más allá de las puertas de tu iglesia. Que Dios nos dé no solo el celo para crecer, sino también la sabiduría para compartir la fe con integridad, madurez, sabiduría y convicción.

Mark Mattes es titular de la cátedra del Instituto
Bíblico Luterano en Biblia y Teología en la
Universidad Grand View en Des Moines, Iowa.
También es editor asociado de *Lutheran Quarterly*
y forma parte del Comité de Continuación del
Congreso Internacional de Lutero.